말똥구리

시하늘시인선
12

말똥구리

김미선 시집

그루

시인의 말

기억해요

나다운 울림이 느껴지지 않는 길이라면

결코, 발을 들여놓지 말라고

2025년 가을
김미선

차례

시인의 말　　　　　　　　　　5

1부 사랑의 여정

숙명의 사랑법　　　　　　　14
치열한 사랑의 연습　　　　　16
압수된 시간　　　　　　　　18
허공에 쓴 시　　　　　　　　19
사랑싸움은 단기전　　　　　20
인생의 변주곡　　　　　　　21
당신이 있어　　　　　　　　22
새벽의 축복　　　　　　　　24
숨쉬기　　　　　　　　　　25
내 몫이란　　　　　　　　　26

2부 먼 산 보고 걷다

응원	28
생기 돌다	30
마음 쏟기	32
순희 씨	34
꼼쟁이	36
함께 맞는 밤	38
젖다	39
통영 함박마을	40
사색 증후군	42
찰나의 계절	44
먼 산 보고 걷다	45
눈이 밟히는 그곳	46
말똥구리	48

3부 접지선

접지선	50
꽃 발걸음	51
손	52
하모니카 정원	54
냉이꽃	55
엄마꽃	56
사월의 꽃밤	58
꽃 수다	59
박태기나무	60
밀애	61
언감생심	62
봄꽃	64
미선나무	65
잡초의 울림	66
인제 그만, 손을 내밀다	68
새	70

4부 목욕탕에서

목욕탕에서	72
홀딱 벗은 시의 노래	74
잃어버리는 것들	75
몸무게	76
마법	77
수다	78
교류	79
뷰티 박람회	80
환골탈태	81
물안개 속 이야기	82
깎아주는 나이	83
투명한 거울	84

5부 남녘의 동백

Y에게	86
고백록	88
세월이 깎아준 잔돈	89
방해꾼의 노래	90
홀로, 말없이	92
일기	94
침묵한 목소리	96
환대	97
남녘의 동백	98
3월의 수채화	99
섬의 노래	100
어머니의 주머니	102
세상 풍경	104
그대를 위한 위로	106

6부 구름에 부치는 연서

그 살구나무꽃	108
구름에 부치는 연서	109
네잎클로버	110
매화	111
다 핀 꽃	112
꽃들의 작은 사회	113
생명의 빛	114
끝이 흐린 말	115
값으로 매길 수 없는 것	116
빈 둥지의 손가락	118
고라진 감자배	119
커피에게	120
초록의 사명	122
순수한 사랑	123
급행열차	124
희망	125
오만 가지	126

남기는 말	127

1부

사랑의 여정

숙명의 사랑법

그 세계에서는 서로에게
등을 돌린 숙명이었지

전생의 뿌리 다 삭지 않고
이생에서 만난 두 영혼은
물방울처럼 스며들어
꽃잎으로 피어났네

사랑이란 긴 수수께끼를
풀어 가는 동안 젊음이 갔네

마주 선 거울처럼 살아온
내가 너요, 네가 나이기를
줄다리기하듯 힘겨운 날
침묵으로 지새운 밤들

긴 기다림 끝에 찾아온
깨달음의 순간처럼

세월은 우리를 데려왔네
운명의 실타래 끝으로

나뭇가지로 사랑의 집을 짓고
따뜻한 울타리를 만들어
서로의 마음이 되어 주는
봄날의 둥지가 되었네

치열한 사랑의 연습

외나무다리 위
한 걸음도 물러설 수 없어
공기 인형처럼 춤추고
달빛 아래 그림자처럼 겹쳤네

내면의 폭풍 속
단단한 벽을 쌓아 올리고
서로의 가슴을 찌른
말들의 날카로운 전쟁

우리의 시간은
어디로 흘러가는지 모른 채
방향 잃은 나침반처럼
서로를 밀쳐 냈지

지친 시간은
성난 마음을 다독여
서서히 무뎌지게 했네

어느 날 깨달았네
상처마저 사랑의 얼굴임을

압수된 시간

덜컥! 압류된 건 쇠붙이도 보석도 아닌
우리의 푸른 젊음이었지

수렁에 빠진 듯한 나날 속에서
빚을 갚아 가듯 서로를 지워 가던 밤

그날의 언약은 서랍 속 흑백사진처럼 낡아 버리고
달콤했던 시간은 냉동고 얼음처럼 녹아내렸네

허공에 쓴 시

달빛 가린 옥상
낡은 장독대 곁 홀로 서서
외로운 밤 남쪽 하늘 보며
하모니카처럼 울었네

마음 깊이 숨긴 아픔
허공에 흩뿌리고
밤하늘 눈물로 써 내린 시
그 안에 잊혀 가는 사랑의 옛 노래를

누구도 읽지 못할
가슴속 암호 같은 비밀들
은하수를 건너 별빛에 스며들어
마침내 노래가 되었네

사랑싸움은 단기전

경주하듯 앞지르며 서로 앞서가는
마음 재던 눈치 싸움은
단기전이어야 해

사랑의 열쇠로 두드리는 문
새로운 아침을 맞는 지금 더는 휴전 없어
이 다툼 이 순간 끝내리

내일로 미루지 말고 오늘, 바로
지금 화합의 깃발을 함께 들어
올려

인생의 변주곡

치열했던 젊은 날
압수당한 시간 속에서도
허공에 시를 그리던 나였네

아버지 든든한 그 언덕에
기대어 숨 고르던 그때
말없이도 알아주시던 눈빛이
아직도 가슴 한쪽을 적시네

산전수전 넘어
철인경기처럼 달려온 길
이제는 사랑의 열쇠로
새로운 문을 열고 서니

아침 이슬 머금은
그 맑은 시간 속에
오늘 피어나는
행복이란 이름의 꽃

당신이 있어

당신이 있어
이 마른 들녘에
푸른 숨이 돕니다
당신을 위해
이 걸음 걸어갑니다

오랜 세월, 이 말 없어도
묵묵히 살아온 길
이 말을 듣기 위해 산 것도 아니었는데
그저 함께 걸었을 뿐인데

마침내
가슴을 적시는 그 말

아, 이 어렵고도 고귀한 말

후드득, 빗방울 소리인 듯
뜨거운 물기가 차올라

한 가슴이 기어이 울음 터졌습니다

우리, 함께 걸어온 길 45년
비 내리는 퇴근길 젖은 발걸음 위에서

새벽의 축복

여명은 창을 열고
행복이 문을 두드리고
복은 복을 부르며
우리 마음을 밝히네

수많은 나날을 거친 행로
별빛처럼 반짝이는 추억들
새벽의 고요 속 그제야
새로운 축복이 찾아오네

숨쉬기

가쁜 세상 멈춰 서면서
뜨거운 긴장 내려놓고

천천히, 깊게
온 가슴으로 마시는
투명한 안심

비로소 어깨에
내려앉는 평화
이제야 쉬어 가는
내 안의 고요

그것이
진정한 숨쉬기이네

내 몫이란

어머니 아버지로부터 온 가슴 저 깊은 곳
생명의 따뜻한 뿌리 하나

이 뿌리, 어떤 흙에 기대어 어떤 햇살 머금고
어떤 물길 따라 어떻게 푸르게 뻗어 낼까

삶은 자꾸 묻네
누가 이 길을 걷는지 언제 계절을 맞을지 어디서 꽃을 피울지 무엇을 가슴에 담을지 어떻게 시련을 넘을지
그리고 왜 살아야 하는지

육하원칙, 바람처럼 스치는 물음들
내 안의 진심은 그 노래의 리듬 되어 삐뚤삐뚤거리며
주춤주춤 굽이치며 세상 속으로 흘러가네

2부

먼 산 보고 걷다

응원

내 두 손, 허공을 가르며
나를 위해 스스로 일어선다
이 작은 움직임이 곧 떠오를 태양처럼
빛날 용기일 것을 예감

어깨 들썩이며 박수를 치네
좋아, 좋아! 낮게 속삭이는
따뜻한 격려가 내 안에 울려 퍼진다
두근거리는 발이 땅을 구르며
'참 잘했어!' 기쁨의 북을 두드린다

거울 속, 눈빛 밝은 또 다른 내가
조용히 나를 바라보며 웃는다
굳은 얼굴을 어루만지듯
함께 손뼉 치고, 발을 구른다

어느새 메마른 마음밭에 환한 빛이 스며들 듯
세상의 모든 색깔이 다시 피어난다

마음이 아침 햇살처럼 환해진다

생기 돌다

흥해 읍내
한 집 건너 빈 구석
지진이 할퀴고 간 흉터 위로
봄빛 스며드네

무너진 담벼락 사이
수줍은 모과꽃 한 송이
분홍 손수건 펼치듯
눈부신 희망 피워 내고

폐허 속 라일락
보랏빛 꿈 아련히 흘리네
탱자나무 날카로운 가시도
아픔 속에 생명 숨기듯

지진 지나간 빈집 빈터엔
더 선명한 초록 물결
보리밭을 타고 오르는

봄날의 기척

어둠 속에 피어난 꽃처럼
상처 입은 땅에서도
다시 돌아오는 생기
새살의 촛불 밝히네

마음 쏟기

길 잃은 마음은 덧없이 흩어지고
하염없이 어디론가 스며들고만 싶었네

한 점에 고요히 닿아 깊은숨 고르기를 하며
그리하여 온전히, 평화를 안고 싶었네

올해 피우지 못한 채송화의 울분
화사한 꽃잎 대신, 고운 물감으로 붓끝에 실어
애써 달래 보았네

그 이름, '화풀이'가 서글픈 '화花풀이' 되어
점점 번져 나가는 캔버스 위 풍경
미로처럼 얽히고설켜 태산이 되었나
퍼진 물감들 번져지고
자꾸만 많아지는 꽃숭어리 예고 없이 피어난 것들

그 많은 얼룩 마침내
예쁜 꽃송이 송이로 다시 태어났네

엉킨 마음이 예술이 되니
결국, 가장 아름다운 화폭에 그려진 그림
내 삶에 슬며시 스며드네

순희 씨

함께 가면 싸다던
시술 소문에
서둘러 약속 잡는 그들의 모습에
나는 멈칫

순희 씨도, 동창들도
남편과 친구들까지
한 줄로 늘어서
점, 기미, 검버섯 지우러
피부과로 향했다

꽤 큰 병원에서
지지고
살 타는 냄새가 코를 찌르고
시술 후 자랑하는 그들

나는 여드름 자국 어루만지며
아직 선명한 내 얼굴의 흉터를 보았다

"언니, 언니도 시술해 봐!
싹 다 지워져!"

하지만 순희 씨는
시술 후 여섯 달
검붉은 자국 여전히 남아 있다
언제 사라질까
이 주근깨 흔적, 어쩌면 2년도 더 걸릴

요즘은 아예 얼굴을 다 벗겨 오는 사람도 있다
오랜만에 본 얼굴
낯설게 살이 오르고
"언니~" 하고 불러도
한참을 더듬어야 겨우 알아본다

나는 부모님이 주신 얼굴
오래도록 지키며 살고 싶다

꼼쟁이*

젊은 날, 허리띠를 졸라매고
한 푼 한 푼 아껴 지낸 세월
돈이 금덩이 같던 그때

그 세월에 길들여져
자신을 위한 한 푼도
꿈꿀 수 없었네

그런 꼼꼼함에도 당신은
내게는 기꺼이 마음을 열었지
스스로에게는 인색해도
내게 쓰는 건 아깝지 않다며

이제 나는 허리띠를 조금 풀었건만
그대는 여전히 조이는 허리띠 붙잡고
'돈이 없어' 하며 한숨짓네

그 조인 허리띠는 언제쯤 풀릴까

쉴 틈 없는 그 삶이 이토록 가여워라
먹고 일하고 잠드는 반복 속에
마치 도깨비가 쫓는 듯 애처로운 당신

* 성질이 좀스럽고 인색한 사람

함께 맞는 밤

온종일 쳇바퀴 굴린 그대
밤새 만보계 톡톡톡
가게 안 맴돌던 발걸음 이제 잠드니
옆에선 깊은 숨소리 드르렁

나는 옅은 잠 속을 헤매는데
고독인가, 귀울음 쉬익 쉬익 밤을 적시고
하필, 코잠마저 깊어 쿨쿨 이어집니다

서쪽으로 굴러가는 달빛 아래
그래도 우리의 달콤한 이 밤
쿨쿨, 드르렁, 더없이 고요한 밤

젖다

봄비 내리는 날

마음 하릴없이 젖네

어느새 담담함 뒤 흐느낌
이루지 못한 소망들
산더미로 쌓여가

목마름 언제 가실까
갈 곳 잃은 이 마음

잊힌 사연만이
봄비처럼 스며들고
봄날의 허기
깊이 잠겨 드네

통영 함박마을

아침이면 동으로 고요히 흐르는 바다
한낮의 햇살 머금다 서로 천천히 돌아갑니다
하루를 덮는 시간, 고이고이 품어 일몰을 맞습니다

아침을 건너 날아온 새들은
하늘 가로질러 자신들만의 작은 안식처로 향합니다
그들의 섬, 돌아가는 모습을 가만히 바라봅니다

물새들이 떠난 자리, 고요해진 바다
굼터 우무실 저건너 집들은
하나둘 대문을 걸어 잠급니다
전설이 되어 버린 나지막 할매 바위
영감 바위의 돌아오지 않는 기다림 속에
그렇게 하루가 저뭅니다

바다는 섬 그림자를 품에 안은 채
거친 태풍마저 끌어안고 깊은 잠에 듭니다
달빛은 등대되어 섬을 지키고

섬과 바다는 깊은 밤 물결 속에 하나 됩니다

어제도 그러했듯
바다에서 바다로 이어지는 이야기는
오늘도 내일도 영원히 그러할 것입니다

사색 증후군

어릴 적부터 길들여진 사색의 시간
영혼 깊숙이 스며들었네

하늘을 유영하는 갈매기 날개 아래
푸른 물결 끝없이 기억 속 춤추고
자그락 물결음은 추억의 노래되어 울려 퍼지니
물 건넛마을은 수채화처럼 물빛에 번져
희미한 풍경화 한 폭 그립니다

푸른 바다를 밭처럼 일구는 배들의 행렬
스피커의 뱃고동은 삶의 바람이 되어 항구를 울리고
섬 향해 노 젓는 마을 사람들의 굽은 등뒤로
그리움도 함께 출항합니다

만선의 꿈 안고 떠나는 고깃배들의 희망
저 바다 위에 함께 흩뿌려지며
내 안에서 파도처럼 일렁이다 깊어지네요

천성으로 흐르는 정
그것이 바로 마음의 고향입니다
쉴 새 없이 반복되는 들물과 썰물 사이
나는 잠시 눈을 감습니다
고향의 정에 흠뻑 젖어 그 바다 되어
깊어지는 사색의 순간을 온몸으로 느낍니다

오래된 그리움이 내 삶의 뿌리 되어

찰나의 계절

차디찬 바람, 살갗을 파고들 때
세상에 채 눈뜨기도 전에
여린 꽃잎 서둘러지네

어지러운 봄날
기다림은
가슴에 허무로 풀썩 주저앉고

꽃 진 스산한 자리
있음과 없음, 경계는 흐려져
아스라한 상실감 꿈처럼 맴돌고

이토록 찰나의 계절 속에서
나는 여전히 홀로
기약 없는 길목을 하염없이 기다린다

먼 산 보고 걷다

저 먼 무지개 좇아
화려한 유혹 속을 달렸네
발밑 돌부리 헤아릴 새 없이
허공의 아지랑이만 좇다
수없이 넘어지고 다시 일어섰네

시계추처럼 흔들린 방황의 시간
찰나의 기쁨은 물거품 되어 스러지고
문득 돌아보니
곁에 피어난 민들레 한 송이
소박한 미소로 반겨 주었네
작은 꽃잎이 주는 위로 이리 큰 것을

이제는 가까이, 더 가까이 보리라
발 닿는 곳마다 진실의 씨앗 뿌리며
순수한 마음으로 걷는 길
소소한 곁의 환희
소중히 가슴에 담아 키우리라

눈이 밟히는 그곳

고요한 저녁
꽃들이 집 앞에 찾아왔네요
찾아가지 않으니
어여뻐도 스스로 걸음 했구나

냉이꽃, 민들레, 질경이까지
시멘트와 아스팔트 그 경계 틈새
보란 듯이 나란히 피어난 너희

참, 눈길 닿는 그곳에
타이어 자국에 실려 온 흙 한 줌 움켜쥐고
뿌리내린 생명이여
험한 세상, 한 줄기 희망의 꽃빛이 되었구나

메마른 틈새마다 생명을 불어넣고
아침 이슬 품어 피어 낸
봄날의 놀라운 기적들

죽기 살기로 피워 내는 너희를 보며
살기 위해 치열히 존재하지 않은 적 있던가
오늘 하루
나 또한 너희에게서 봄날의 용기를 배웁니다

말똥구리

 하루 종일 종종걸음으로 바쁘게 움직이시는 그대 씨를 뵐 때면, 그 열정에 저도 모르게 감탄하곤 합니다

 커다란 부귀영화보다 성실함으로 삶을 채우시고, 남들이 탐하는 것들에 흔들림 없이 오직 자신의 길을 묵묵히 걸어오신 분 마치 일개미처럼 꾸준하고 알뜰하게 생활하시는 그 모습에서 깊은 존경심이 우러나옵니다

 안전한 보금자리를 위해 쉼 없이 말똥을 굴리는 말똥구리처럼, 그대 씨께서는 언제나 일을 천직으로 여기며 쉬지 않고 달려오셨지요

 그 고귀한 성실함이 훗날 넝쿨째 복이 되어 돌아오길 염원합니다

3부

접지선

접지선

깊은 밤
고요를 깨우는 그대 거친 숨소리에 잠 못 드는 밤
살포시 기댄 어깨 위로
낮아지는 세상 소음

평화로운 리듬 속
고요함이 내려앉고
세상 시름 사라지니
편안한 안식 속으로
우린 그렇게 잠겨 들어요

따스한 정, 닿는 곳
아주 작은 맞닿음 속에
어둠은 포근히 감싸 안고
은은한 평온이 흐르네요

꽃 발걸음

남녘에서 북녘으로
꽃들 걸음 옮기네
빈자리만 남기고

피는 시간은 더딘데
지는 순간은 찰나
덧없이 스러져 간다

흔적만 아련한데
봄빛마저 멀어지는 길
꽃들은 지금 어디쯤 닿았을까

손

그대 씨 당신은 말했죠
이 손이 모아 올린 재산에 대해
하지만 나의 기억은 그 굴곡 너머의 시간을 말하네

흙먼지 덮인 손으로
기둥 세워 집을 짓고
낡은 벽 덧대어 온기를 품었으며
강철 같은 의지로 화물차를 밤새도록 몰고
메마른 땅에 뿌리내려 새싹 틔웠네

끝없는 겨울 칼바람 속에서
오장육부를 얼리던 추위와 맞서고
숨 막히는 여름 볕 아래
땀으로 범벅된 나날을 견뎠지요
그리고 그 손으로
작은 너를 처음 어루만지며 안고
사랑으로 아이를 키워 냈으며
수많은 간판 아래 가게 문 열고 닫으며

사십오 년의 세월이 강물처럼 흘러갔다 말했네

보세요, 이 갈고리 같은 손 얼마나 많은 밤
별들을 헤이며 잠을 아꼈던가요
겨울의 매서운 냉기 속에
퉁퉁 붓고 터져 버린 손마디들이
얼마나 거친 세월을 움켜쥐고 놓지 않았는지

그 손으로 오직 그 손으로
젊음이라는 이름의 씨앗을 심고
고스란히 모든 것을 바쳐 수확한 삶

하모니카 정원

성큼성큼 봄이 자라나는가요
한 보름 사이 벽오동 잎은 짙푸른 숲을 이루고
단풍나무잎은 눈웃음으로, 싱그러운 그늘을 내립니다

편백나무는 이파리마다 은은한 향기를 풀고
사랑초는 조롱조롱 꽃망울을 틔우고
서양 맥문동은 머리카락처럼 늘어집니다

집은 온통 봄 향기로 가득합니다
날마다 웃음꽃 피어나는 행복 가득한 보금자리

하모니카 선율처럼 봄바람에 실려 흐르는
우리 집 행복 이야기

냉이꽃

어린 시절, 순이와
바닷가 언덕 하얀 냉이꽃 꺾어
속 잡이 놀이했네

딸랑딸랑 종소리 울리는 봄날
속 구멍에 된장 넣고
바닷바람 맞으며 웃는 사이
슬며시 고개 내밀던 냉이꽃 물고 나온 속들

그땐 몰랐지
지천에 피던 이 하얀 꽃이
된장국 속에서 향연을 피울 줄
봄의 비밀을 품은 냉이의 참맛을

이제 냉이꽃을 보면
바닷가 추억 온몸으로 밀려오네

순이와의 웃음소리
된장국 한 그릇에 담긴 따스한 봄날이

엄마꽃

봄빛 내려앉은 뜰
민들레, 개나리, 목련, 동백, 춘란
어머니의 손길 닿은 듯
정겹게, 다정히 피어오르네

엄마, 당신은 어떤 꽃으로 오셨나요?

명자, 벚꽃, 살구꽃에 물어봐도
엄마 닮은 꽃은 보이지 않네

저 하늘 어딘가
피어날 꽃빛을 찾아 헤매다
원추리처럼 고개 숙여 기다리고
백합처럼 하얗게 사무치게 그리다
아마릴리스 붉은 눈물로 밤 지새우네

봄날에 심은 씨앗처럼
당신의 손길로 뿌려진 사랑

깊어진 시간의 골목마다
꽃잎에 담긴 마지막 소망
바람 따라 저 멀리 흩날리는 향기여

사월의 꽃밤

아홉 시 퇴근길
신호등 앞에 차는 여전히 멈춘다

어제도 만났던 차창 밖 벚꽃 한 그루
달빛 속 등대가 되어 눈인사 건네 온다

꽃이 언제 피고 지는지
계절을 전하는 속삭임에도
이 밤엔 뜬금없는 소리라며
주황색 깜빡임만 물끄러미 지나친다

단 한 번도 함께 걷지 못한 꽃길
재미없이 살아가는 달빛 같은 인생

밤길의 저 벚꽃이
침묵의 언어로 위로한다

꽃 수다

날마다 눈뜨는 꽃들
해 웃음 따라 피어나
그늘진 마음에
다정한 손짓을 보내오네요

꽃물결 밀려오면
설레는 그리움 가득 차고
사방의 꽃들과 오가며
환희의 축제를 펼치네요

산천초목이 깨어나
온 세상 춤추는 날
우리도 저절로
봄빛 속에 스며 날개 펴요

박태기나무

매끈한 가지 끝마다
늦은 봄날 눈을 뜬
비밀 품은 꽃

누군가 몰래 와서
꽃잎을 붙여 놓은 듯

앙상하던 어제 가지 위에
송이송이 꽃망울 터지고
마법처럼 자꾸만 피어나는

아, 신비로운 봄

밀애

미움 한 주먹
가슴에 피어날 때
나만의 비밀 정원
시집을 펼칩니다

활자 속 바람이
마음에 스미고
낯선 쉼표 속에서
은밀한 낭만을 훔치죠

그대 모르게
오늘도 나
시의 품에 안깁니다

언감생심

수없이 바친 제물들

밥그릇 김, 접힌 양말

이쑤시개 하나까지

사십삼 년의 대답들

시간의 굴레 벗어나

이제야 풀려난 심부름 새

커피 향 스며든

우윳빛 아침이 건너온다

꿈조차 꾸지 못했던

자유의 날개 펴고

꽃잎 따라 웃음 지으니

서쪽 하늘에

새로운 해 떠오르네

봄꽃

꽃구경 가지 못하는 나에게
이웃집 자두나무
하얀 위로를 건네옵니다

탐스럽게 피어난 꽃잎들
속삭이듯
향기로 말을 겁니다

아무도 보아주지 않아도
고독한 축제를 여는 꽃들은
지나가는 발길을 붙듭니다

봄바람에 흩날리는 꽃잎 따라
나 또한 한없이 날립니다

미선나무

할아버지께서 지어 주신 이름, 미선
봄마다 온 산천이 이름을 부르네
은은한 향기로 감싸네
수줍어 고개 숙이고, 봄 햇살에도 볼 붉히고

복숭아꽃처럼 피어난 기억
할아버지 사랑 담긴 내 이름
봄의 노래가 되어, 자연의 속삭임으로 감싸네

이제 미선나무
그리움의 향기를 품고
세상의 소리로 부르네
봄 햇살 아래, 활짝 피어나네

잡초의 울림

회색빛 시멘트
무심히 갈라진 틈 사이
매일 아침 당신의 물 한 방울
촉촉이 스미면

푸른 숨소리
말 없는 잎새마다
고요한 보답
당신만이 들을 수 있는 언어로

어쩌면 고마움일까
혹은 응답이었을까
나지막이 전해 오는 소리
고마워, 고마워

아무도 모를 일이에요
오직 당신과 작은 잡초만이 나눈
은밀하고 깊은 인사

두 존재의 떨림으로만 읽히는

고마워, 고마워

인제 그만, 손을 내밀다

인제 그만, 돌아가요
깊이 밴 상처 꿰매고
서로 헤아릴 시간으로

지친 영혼
악연의 굴레 끊고
화해의 다리 놓아주어요

분열의 씨앗 뿌려진 세상
우린 분노의 열매 거두었으니
이제는 이해의 씨앗 심고
사랑의 열매 나눌 때

눈에는 눈 대신
마음에는 마음으로 다가서
분노의 깃발 내리고
치유의 손길 내밀어요

서로의 아픔 쓰다듬으며
함께 걸어갈 길 찾아서
단 한 번뿐인 인생
따뜻한 손길로 보듬고
지혜로운 미래 그려가요

인제 그만
손을 내밀 때입니다

새

마른 가지 끝, 봄날의 새
텅 빈 들녘, 고요히 응시하니
침묵 속에 지혜가 깃드네

허공을 깊이 명상하다가
문득 날개를 펴는 순간
시간마저 숨을 멈추네

들판을 휘도는 저 새들은
하늘의 점술사인가
올해의 씨앗을 점치네

우리는 발밑만 보며 살지만
그들은 지평선 너머를 보고
내일을 걱정하는 우리와 달리
오늘의 양식에 충실하네

4부
목욕탕에서

목욕탕에서

온탕, 냉탕, 사우나, 쑥탕을 지나
거울 앞에 모인 여인 대여섯
도란도란 이야기에 웃음꽃 피우다
느닷없이 터져 나온 솔직한 한마디

"우리 집 남자가 나만 보면 안 선단다"

순간, 와르르 터져 나온 정겨운 웃음 평상에 털썩 주저앉아 배를 잡고
"지나 잘하라! 하셔요~"
서로를 향해 던지는 유쾌한 덕담에 어느새 각자의 길로 가벼이 사라지네

후끈한 여름날 아침, 문득! 이 뜨거운 계절에 사랑이 뭐 대수일까
여름엔 시원하게 서로의 건강 지키고 겨울엔 따스이 온기를 나누어 주며 그저 그렇게, 우리 모두 건강하게

목욕탕 아침, 해맑은 웃음처럼
가볍게, 그리고 더없이 진솔하게

홀딱 벗은 시의 노래

덧없는 실오라기조차 벗어던진
진실이 춤추는 맨살의 자리
그곳에서 우리는 한껏 마음을 열고
시의 물결을 나눕니다

차가운 냉탕에서 뜨거운 열탕까지
숨결마다 시가 스며들고
온기 어린 찜질방 곳곳에
저마다 공감의 꽃을 피워 냅니다

등밀이 손길 따라 흐르는 재치
몸으로 시를 읽는
쓱싹쓱싹 개운한 소리까지

잃어버리는 것들

 매일 아침 목욕탕에 들르는 그대 씨 면도기 다섯 개가 사라지고 나서야 비로소 일회용을 쓰게 되었습니다 헬스복과 시계마저 감쪽같이 사라져, 결국 며느리가 새로 사준 옷으로 겨우 몸을 가릴 지경이었지요

 남의 물건이 그토록 탐났던 걸까요 도둑질하면 손가락이 오그라든다는 옛말처럼, 어딘가에서 꼬부라진 손가락들이 그 많은 물건을 움켜쥐고 있지는 않을까 하는 쓸쓸한 상상마저 듭니다

 그래도 내일 아침, 습관처럼 다시 목욕탕을 찾을 그대 씨 어쩌면 사라진 것은 물건만이 아닐지 모릅니다 흐릿한 거울 속 비치는 주름진 얼굴처럼, 잃는다는 것은 삶의 한 조각을 깨닫는 일, 비어 가는 자리에 익숙해지는 작은 평화인지도요

몸무게

   아침 목욕탕 고요한 인연의 교차로 편안한 나눔, 선풍기 바람 한아름 화면 너머, 환히 피어나는 미소

   면티 한 장에 음료수병, 오고 가는 정은 거짓말처럼 피어나는 온정 받은 것보다 더 주어야 하건만 이 다정한 굴레를 어찌 끊으랴

   해 지고 달이 뜨듯 연초부터 칠월, 음료수병은 쉼 없이 물을 건너고, 벌거벗은 그대로 오가는 순정한 인정이라

   불어난 살은
   달콤한 유혹 탓이 아니니, 그저 이 따뜻한 온정들이 모이고 쌓인 무게일 뿐

마법

매끈한 그녀와 나
거울 앞 시간
빛나는 그 얼굴과
초라한 내 여드름 자국

발효된 동동주 찌꺼기처럼
불그스름한 내 얼굴
요구르트 오이 꿀
자꾸만 손 가는 유혹

전신 이태리타월로 문지르면
꿈꾸는 우리 집 꽃
매일 새로 피어나는
작고 빛나는 목욕탕의 마법

수다

목욕탕 안에 앉은 이들
끊임없이 이야기를 나누네요
들어설 때부터 나설 때까지
물결처럼 출렁이는 목소리

몸이 물에 젖듯, 마음도 녹아내려
송골송골 맺힌 물방울 사이로
진솔한 이야기가 흘러나옵니다

봄날 연못의 개구리울음처럼
활기찬 수다 속에 저도 몸을 담급니다
벌거벗은 몸만큼이나 솔직한 말들이
후드득, 물방울 되어 함께 흐르네요

교류

　목욕탕 문을 들어서면, 물결처럼 잔잔하게 흐르는 기념일들이 우리를 맞이합니다 누군가는 해외여행의 소회를 담아 우유를 나누고, 칠순을 맞은 젊은 마음은 야채 주스를 건넵니다 환갑의 기쁨을 안고 돌아온 이는 가족 여행의 추억을 당근 주스에 실어 전합니다

　물속에서 기념일은 흐르는 물처럼 자연스레 이어 집니다 낙지식당 아주머니의 넉넉한 생일 턱이, 또 올해도 잘 지내보자는 덕담과 함께 나눈 베지밀이 탕 안을 가득 채웁니다 이제는 특별한 기념일이 없지만, 오늘 우연히 만난 이에게 문득 시집 한 권을 건네고 싶다는 다정한 마음이 스칩니다

　뜨거웠던 여름이 저물고 가을의 선선한 기운이 내려앉는 이때, 목욕탕은 여전히 사람들의 따뜻한 마음이 만나 소통으로 엮이는 특별한 공간이 됩니다

뷰티 박람회

 매일 아침 목욕탕은 작은 뷰티 박람회가 됩니다 마스크 팩을 붙이고, 오이를 얹고, 요플레를 바르고, 커피와 꿀을 섞어 바르는 사람들이 도깨비처럼 돌아다닙니다 그 속에서 맨살 그대로의 자유를 누리는 저는, 마치 홀로 고요한 섬이 된 듯합니다

 어린 친구들이 제게 다가와 크림을 권합니다 아마 그들의 눈에는 제 맨살이 애처롭게 느껴졌나 봅니다 '함께 예뻐져요'라며 다가오는 그들을 저는 가만히 피하곤 합니다 새로운 크림을 권하는 손길은 오늘도 이어지지만, 저는 그저 끈적임 없는 촉촉한 맨살이 편안하고 좋습니다

환골탈태

헌 몸이 새 숨을 틔우는 곳
거친 손길, 묵은 때 씻어낼 때
하루의 고단함도 함께 흘러내립니다

값으로 매겨진 위로인가요
세신 침상 위
신기神氣로운 마법이 환골탈태를 부릅니다

피로에 지친 얼굴이 문을 들어서면
개운함 가득 안은 미소
투명한 얼굴로 다시 태어납니다

물안개 속 이야기

 물안개 피어나는 탕 속, 일곱 마음이 마주 앉아 속 깊은 이야기를 나눕니다 수증기처럼 피어나는 웃음소리는 공간 가득 따스한 온기를 전하고요 포카리스웨트 한 잔 나누는 사이, 젖은 머리칼 사이로 흐르는 이야기는 끝없이 이어집니다

 저는 한쪽 탕을 양보하며, 물의 온도처럼 편안한 감회에 젖어듭니다 카페나 식당이 아닌, 목욕탕이라는 이 특별한 공간에서, 옷이라는 경계 없이 나누는 마음은 더욱 진솔한 빛을 발합니다

 냉탕과 온탕, 열탕을 오가며 서로의 진심을 적시고, 폭포수 아래에서 마음의 짐을 씻어 냅니다 저 또한 언젠가 이처럼 정겨운 순간을 마주할 수 있기를, 물결처럼 잔잔히 소망해 봅니다

깎아주는 나이

익숙한 목욕탕에서
매일 웃음 띠던 그녀
술지게미 마사지 손길 멈추고
문득 나이를 물었지

쉰넷이라 했던 그녀 앞에서
예순다섯이란 숫자는
어쩐지 망설여졌고
내심 작게 떨렸어

하지만 그녀는 활짝 웃었네
나이를 깎아 주는 정겨운 웃음
거울 속 주름살 너머
진정한 모습을 보아주었지

홀딱 벗은 이곳에선
나이조차 껍질 벗으니
진실만이
뽀얀 옷으로 우리를 감싸안았지

투명한 거울

고단한 하루의 찌든 땀방울
뜨거운 물에 스르르 녹아내리면

물회 집 비린 피로도
수연 씨 고추밭 붉은 기억도
물살에 씻긴 듯 풀어진다

낯선 이의 등을 밀어주다
거울 속 문득 마주친 눈빛
서로에게 피어나는 작은 위로

때 밀리듯 벗겨지는
삶의 무거운 비늘들
지친 마음이 투명한 거울 되어
함께 흘려보내는 저녁

5부

남녘의 동백

Y에게

시간의 수레바퀴 위에
삶의 흔적이 손금처럼 새겨진 그 손은
문과 사랑 사이
오래된 선택의 경계에 닿아 있군요

사계가 쉰 번 돌고도 남을 시간
그 속에서 지어낸 Y의 성정은
보일 듯 느린 듯하나
여전히 힘찬, 질주의 영혼

감정의 숲을 미처 건너기도 전에
몸은 이미 행동의 강을 가로질러
구름보다 빠른 발걸음엔
아직 소년의 조급함이 깃들어 있습니다

이제는 모래시계의 알갱이처럼
스스로 흘러내리는 시간의 무게를 느끼며
일흔 해의 지혜를 담을 그릇에

'느림의 미학'을 채울 때입니다

고백록

 한때, 당신은 벽이었다 '논픽션주의' 흰 깃발 높이 들고 세상 허구들 밀어내던 날들 화려한 TV 속 이야기는 한 줌의 거짓일 뿐 차가운 팩트만이 당신의 눈에 허락된 풍경

 그러던 어느 날 시간의 물결, 노을빛으로 번져 백발 주름 깊숙이 스며들 때 굳게 닫혔던 마음의 문이 기이하게도, 스르륵 열렸다 아니, 열린 게 아니라 스스로 픽션의 선율에 귀가 트인 것이겠지

 주말 저녁 그토록 멀리하던 연속극 속 당신은 이제 기꺼이 몸을 던진다 주인공의 슬픔에 붉어진 눈시울 예측 불허 반전에 터져 나오는 탄식 진실만 좇던 과거의 당신에겐 상상조차 못 할, 이 알 수 없는 풍경

 실화만 좇던 당신 이제는 화면 속 허구의 삶에 스며들어 자기 삶처럼 숨 쉬고 있네 이것은 아마, 세월이 당신에게 보낸 가장 진솔한 역설이자 가장 진실된 감정일 것이다

세월이 깎아준 잔돈

깎아 준 것인가
이 서늘한 현실의 물음은
세월의 자애인가, 혹은 더 달리라 재촉하는
운명의 은밀한 속삭임인가
어느새 세월은
내 기차 요금마저 조용히 깎아 두었지요
두 달여, 까맣게 모르고
정가를 꼬박꼬박 지불했던 날들
만 구백 원에서 칠천삼백 원으로
훅, 떨어진 그 숫자를 마주할 때
마음속에 알 수 없는 엉뚱한 물결이 일렁였습니다
손안에 쥔 삼천삼백 원의 잔돈
그 따스한 무게로
역전 가판, 김 서린 유리창 너머
뽀얀 김 뿜어내는 스페셜 어묵 한 꼬치를 물었습니다
탱글한 어묵살에 뜨거운 국물이 스며들어
차가운 공기 속 온몸으로 퍼져나가는 작은 위로

방해꾼의 노래

씨앗에게 빛을 약속한 하늘
어둠은 햇살의 길을 가로막고

자라는 나무의 뿌리 흔드는 바람
피려는 꽃잎 흩트리는 서리

공동의 정원,
모두 꽃 피울 자리인데
홀로 가시만 키우는 그림자들

폭풍우 건너는 배, 이 나라인데
노 젓는 대신 구멍을 내는 손길들

봄날의 약속 무너지고
함께 짓던 집의 기둥 흔들릴 때
모두 하나 되어야 할 곳
난장판을 흔들어 대는 그들만의 소리

하지만 가려진 시선
닫힌 귀, 그 너머에도
하늘은 이 땅을 지키는
굳건한 약속을 저버리지 않으리

홀로, 말없이

물길 열리는 갯벌에
낯선 이방인 줄지어 들고
타이어는 마른 모래 위
소리 없이 구르네

소라의 노래 바람에 실려
귓가를 간지럽히고
쏴아— 아득한 물결
내 이름을 부른다

들숨 날숨 갯벌의 시간
찰나의 문이 열리면
가던 길 멈출세라
목섬 향해 내달린다

조개와 굴의 흔적이
오랜 기억을 품은 길 되어
모두가 '기적'이라 부를 때

내 가슴은 푸른 바다처럼 출렁이네

세상엔 이런 길이 있더이다
스치듯 열리고 닫히는 시간
물과 뭍, 아련한 경계 위에서
환호하는 갈매기들 속에
홀로, 말없이 걷는다

일기

하얀 종이 위
어제의 기억이 가만히 깃들면
이슬 스미듯 글자 새겨지고
새벽은 고요히 페이지를 넘기네

삼 년의 아침들
눈 뜨는 순간마다 펜을 쥐고
어제의 먼지를 털어내듯
새로운 숨을 불어넣으니

흐린 날의 흔적도,
맑은 날의 속삭임도
모두 작은 기도가 되어
종이 위에 말없이 머물고

나만의 성전에서
나를 대면하는 의식
고요한 새벽

깨달음은 잉크처럼 번져 가네

서두르지 않는 발걸음 따라
생각의 지평선 아득히 넓어지고
내 안의 지혜는
숨죽여 키를 키우네

매일의 일기장은
나를 비추는 깊은 거울
그 안에서 참된 나를
한 글자씩 완성해 가노라

침묵한 목소리

아닌 것은 끝까지 아니어야 함에
진실을 거짓이라 우기는 이 패악의 밤

말의 정원에서 진실의 꽃은
가장 향기롭지만 가장 희귀한 품종

텅 빈 약속들이 지키는 관계처럼
침묵의 목소리들이 서로를 바라보고

시간이 지나도 지워지지 않는
기억의 무게여

아닌 것을 옳다고 말하는 이들에게
양심은 가장 냉정한 재판관

진실은 때로 고독해도
그 빛은 어둠 속에서 더욱 밝게 빛나리

환대

맑은 봄빛 내려앉는 날
새순 틔운 꽃들에게
하늘은 투명한 물 잔 건네고
바람은 살며시 꽃잎을 어루만집니다

회색 먼지 날리는 날엔
꽃잎마다 흐린 날의 미소 시들까
내 마음 아파 옵니다

사람 향해 피어나는 꽃들
환한 얼굴로 맞아 주기를 바라나니
꽃과 사람, 서로의 봄을 축복하며
맑고 고운 날이 되기를 염원합니다

꽃처럼 사람도, 사람도 꽃처럼
밝은 햇살 아래 함께 웃으며
이 봄의 반가운 만남이
세상의 모든 슬픔을 씻어 내기를

남녘의 동백

 장독대 곁 환한 백, 붉고 고운 동백들 대문 밖, 그리움의 길이 열리네
 낮엔 햇살에 반짝, 눈부시다가 밤엔 달빛 아래 별빛 받아 정다운 속삭임, 아련히 퍼져 차례로 피고 또 지는 꽃잎의 기척
 사무쳐 피었나 저며서 스러지나 한밤중 툭, 툭, 땅에 닿는 꽃송이마다 달빛이 밟고 간 그 자리에 남아, 지지 않는 눈물이네

3월의 수채화

봄빛 속에 내리는 눈
하얀 꽃잎인 듯 펑펑 쏟아지는 사랑
못다 한 말의 무게로
발걸음마다 푹푹 빠져드는 길

겨울이 봄에 건네는 마지막 인사
아직 가슴에 남은 설렘이
소리 없이 내려앉아 쌓이는 풍경

꽃망울 터지는 가지 위에
하얗게 덮인 눈의 이별 편지
가려했던 발자국, 남기려 했던 흔적
모두 지워지는 하얀 고백

헤아림의 눈발 사이로
미처 전하지 못한 마음이
봄의 문턱에서 마지막 숨을 고르며
하얗게 녹아내리는 설경

섬의 노래

태어난 섬
밤의 적막이 덮인 곳
물이 들면 섬, 썰물이면 육지
경계의 춤을 추는 그곳

빠져나간 사람들
영영 돌아오지 않는
도망치고 싶던 땅
물과 나무, 양식과 돈이
귀하디 귀한 그곳

떠나는 발걸음마다
맹세했던 말들
다시는 돌아오지 않으리
하지만 물결은 흐르고
그 섬은 나를 애태운다

등댓불 깜빡이며

밤의 어둠을 가르고
돌아오라 속삭이는
해가 지면 그리워지는
내 영혼의 고향

바다의 품에서
떠나온 섬의 기억이
파도처럼 밀려와
가슴을 적시는구나

어머니의 주머니

주름 새긴 손으로
붉은 비단 주머니를 매만지시던 어머니
동전 한 푼 없이 뒤집는 천조각에서
우주의 비밀이 쏟아질 것만 같았네

쌀 두지 열쇠 딸랑이는
가난의 음악 소리
빈 주머니 탈탈 털어
사랑을 보여 주시던 날들

산 너머 밭고랑에
등딱지 납작하게 붙인 채
해 질 때까지 허리 굽히시던 어머니
그 주머니엔 우주가 있었네

문방구 앞에 서면
달콤한 유혹의 향기
빳빳한 지폐 꺼내는 친구들 사이

침만 삼키던 나의 열세 살

지금도 꿈에서는
어머니 줌치 속에서
도깨비처럼 나타나는
새 천 원짜리 지폐의 환영

그 빈 주머니가
내 시詩의 보물창고 되어
말로 못다 한 사랑을
시어詩語로 채워 가네

그때 어머니의 빨간 줌치는 시도 때도 없이
없다가도 자꾸 나오는 시, 시주머니가 되었네

세상 풍경

모퉁이에 몰린 들꽃이
가시를 세우고 있다

부드러운 꽃잎도 결국엔
자신을 지키는 법을 배우는 법
겨울나무가 봄빛에 눈살 찌푸리며
새싹의 속삭임을 막아서는 풍경
한쪽으로 기운 저울 위에서
계절의 공평함이 흔들린다

뿌리 깊은 나무들 사이로
묘목들의 숨결이 가로막히고
하늘을 향해 뻗은 가지들 위에
검은 구름이 무게를 더한다

바람의 방향은 하나뿐인데
서로 다른 길을 가자 외치는 숲
그 사이로 때아닌 서리가 내려앉아

봄의 약속을 얼어붙게 한다

흙 속에서 기다리는 씨앗들은 알고 있다

이 혼란도 결국 지나가리라는 것을
언젠가 모든 계절이 제자리를 찾을 때
그때 비로소 세상은 꽃을 피우리라

그대를 위한 위로

일흔 하나 봄을 맞이한 그대
설과 추석의 짧은 휴식만으로
가족의 든든한 기둥이 되어
비바람 속에서도 흔들림 없네

헬스장에서 흘리는 땀방울은
후손에게 물려줄 희망의 씨앗
정시에 잠들고 정시에 깨어나는
당신의 일상은 사랑의 다른 이름

젊은 날의 고단함이 쌓여
이제는 지혜의 주름으로 피어나고
부지런한 손길로 엮은 세월은
가족의 미소로 꽃 피우네

노을처럼 아름다운 당신의 노후
편안함과 행복으로 물들길 바라며
그동안의 수고에 보답하듯
따스한 햇볕이 항상 함께하길

6부
구름에 부치는 연서

그 살구나무꽃

쪼그리고 앉아 보던 어린 날의 비밀
뒤뜰 언덕에 피어난 살구꽃
아무도 모르게 바라보던
나만이 간직한 작은 우주

봄바람에 하얗게 떨던 꽃잎들
어린 마음에 스며든 첫 설렘
시간은 흘러도 그 향기만은
여전히 기억 속에 선명하게 남아

오래된 추억의 창가에서
다시 만나는 고향집 뒤뜰 그 살구꽃
어린 날의 순수함으로
마음에 다시 피어나네

구름에 부치는 연서

구름이여
이 마음 알겠니?
동남풍 타고 남쪽으로 가는 구름아
이 마음 알아채어라

하늘에 두둥실 배 떠가니
간절해지는 이 짙은 향수병 어쩌지 못하여
옥상에 올라가 고향으로 가는 배에 손을 뻗어 보네
나는야 무거운 몸뚱어리로 도저히 실려갈 수 없네

내 눈물 뽑아 싣고 가는 저기 저 구름
고향집 마당에 비 쏟아 줄거나
구름아 알겠니
남녘 고향집 화단에 비를 뿌려라
잎 피고 꽃 피면 먼 곳 사는 이 마음이라
꼭 알아채어라

네잎클로버

행운을 찾아 헤매던 나날들
더 큰 행운의 약속, 네잎클로버를 좇으며
지나친 것들이 얼마나 많았을까

이제야 깨닫는다
아침에 눈을 뜨는 순간의 경이로움
세상을 바라볼 수 있는 특권
이 모든 것이 이미 찾던 행운이었음을

욕심의 크기만큼 커지는 삶의 무게
더 많은 것을 바랄수록
더 깊은 갈증 속으로 빠져드는 역설

지금, 이 순간
만물과 호흡하는 이 시간이야말로
찾던 네잎클로버보다 귀한
진정한 행운의 모습

매화

겨울 침묵을 깨우는
붓을 닮은 꽃잎들이
사랑의 암호를 쓰는 날

창문은 액자가 되어
봄이라는 그림을 걸고
청홍의 속삭임을
마음의 화병에 담는다

꽃잎마다 사랑의 숨결 없이
어찌 겨울의 단단한 껍데기를 깨고
피어날 수 있으랴

매화가 피는 것은
마음속 얼음이 녹아내리는 소리
그 소리를 귀 기울여 듣는 것이
봄을 새기는 일

다 핀 꽃

시간의 물레를 따라
겨울 침묵 속에서도
한 송이씩 영혼을 피워 내던 분홍 별들

이제 마지막 숨을 내뱉나 봅니다
달력의 페이지를 넘기듯 차례차례
릴레이 등불처럼 밝혀 주던 생의 축제가

얼어붙은 공기 속에서도
당신은 불꽃의 언어로 말했습니다
"나는 여기, 살아 있음의 증거로 피어나리라"

예지의 꽃, 아말리리스여
당신의 붉은 속삭임은
겨울 방의 차가운 벽에 따스한 그림자를 드리우고
내 마음의 빈 화병에 위안을 채워줍니다

꽃들의 작은 사회

다정한 듯 제비꽃이
박하 향 흩날리는데
꽃다지는 햇살 향해
앞다투어 고개 드네

서로의 자리 지키며
봄빛을 나누다가도
달빛 아랫선 모두가
한마음이 되네

아, 이제 알겠네
꽃들도 우리처럼
사랑으로 피우는
봄날의 다툼을

생명의 빛

어둠에서 어둠으로
시간은 새순처럼
침묵 속에 희망을 품네

창가에 다가서는 아침 해는
곧 피어날 약속을 뇌리에 새기고
흐린 하늘 아래 닫힌 마음도
해가 떠오르면
꽃처럼 활짝 피어나네

쓸쓸한 밤거리
가로수 그림자 사이로
벽을 타고 오르는 불빛이
맥박을 달래 주네

우리 마음속 빛으로
서로를 비추며
희망을 노래하리

끝이 흐린 말

말을 가다듬는 방식은 단호했다
마침표 없는 말의 꼬리
아버지는 어정쩡하게 부유하는
언어의 파편들을 경계했다
'다' '까'로 모두 끝내야 했던
당신의 세계는 명징한 것이었다
말의 끝자락 하나까지 정돈된 직선처럼
골목의 아이들 시끄러이 섞여 배우던
낯선 말씨의 무늬들을 허락하지 않았다
때론 단단히 걸어 잠긴 대문이
세상과의 간극을 가늠하게 했다
진한 억양, 거친 몸짓이 자식들의 여린 마음밭에
오염처럼 스밀까 조마조마하셨으리라
나 또한 끝을 맺지 못한 말들을 어쩐지 불편해한다
어른이 된 지금도 자유로이 춤추는 불완전한 뒷모습들
여전히 나에게는 길 잃은 유령처럼 서성거린다

값으로 매길 수 없는 것

장사하는 이의 눈길엔
오직 돈의 빛깔만 스며 있나 봐
사람의 온기마저 차가운 셈법으로
하릴없이 재는 그대 씨여

하모니카 배우던 날
멜로디 한 자락 사 준 적 없었건만
배움의 소중한 길목에서
돌아오는 한마디, "돈을 벌어 오라"

시를 쓴다 했더니
잉크 마르기 전부터
"그 시, 얼마에 팔리나"
묻는 그대 씨

고운 꽃 그림 그린다 했더니
붓질 한 획, 색채 한 점마다
"그리는 족족 팔아 돈 되게 하라"는

메마른 그대의 말씀

도대체 나를 돈으로 보시는지
이 사람은 돈과 멀리 떨어진 존재이니
아예 그 말, 입 밖에 내지 마소서

예술은 피어나는 기쁨
마음 가득 채우는 행복의 추구
무한한 그 순정의 가치를 어찌 헤아리겠습니까

빈 둥지의 손가락

빈 둥지의 손가락
기계의 날개에 일을 빼앗기고
침묵의 시간만 늘어 간다

밥솥은 불의 언어를 독점하고
세탁기는 물의 비밀을 삼키며
청소기는 먼지의 영혼을 흡수한다

피부 아래 잠든 기억이 깨어나
쓸모의 그리움으로 떨고 있는데
편리함의 무게는 날로 무거워진다

빗자루의 춤을 기억하는 마루
손끝의 지혜를 그리워하는 옷가지들
이제는 박제된 시간의 표본

푸른 화면 속 흐르는 낯선 세상
벽과 나누는 무언의 대화
미래의 나, 어떤 손으로 살아갈까

고라진 감자배

늦은 봄날의 창고 어둠 속에서 잠 깨운
투박한 손길에 이끌려 나온 감자
쪼그라든 몸피가 수만 리 고갯길처럼 울퉁불퉁
꼬인 실타래 같던 네 모습은
어머니의 오랜 고단함을 닮았네
열 달을 품었던 우주
그 안에서 부풀어 오르고 잦아들던 탄성 잃은 주름마다
지문처럼 새겨진 지난날의 아픔들
시간의 무게를 온몸으로 견딘
어머니의 배, 그 자체로다
제 안에 담긴 모든 생명의 불꽃을
탐욕스레 빨아대는 새싹들에게 기꺼이 내어 주고
스스로는 텅 빈 마른 껍질이 되어버린
묵묵한 감자처럼
오늘도 나는 그 오래된 사랑의 지도를 따라 걷네
시들지 않는 기억 속에서 나를 틔워낸
어머니의 뜨거운 헌신
그 감자배 위에서 나는 오늘도 다시 피어난

커피에게

이 밤의 커피
진정 미움일까요, 사랑일까요?
밤을 통째로 훔쳐 간 커피잔 안에
나 홀로 갇혀 있네요

한여름, 타는 갈증에
간절히 찾았던 냉커피 한 모금
차가운 손길로 다가와 귓가에 속삭였죠
혼자 두기 아쉬운 밤이라고
그렇게 어둠 속 잠든 시간을
얄밉게도 모두 삼켜 버린 커피

몸은 흐느적이는 허수아비
기울어 가는 달빛 아래
희미한 잠의 부스러기를 모아
겨우 이어 붙여 보지만
내 안의 깊은 목소리가 외칩니다
부디, 고이 잠들어야 해

내일을 꽃피우기 위하여

어미 품 같던 잠을 대신해
나른한 휴식에 재를 뿌리는
달콤한 마약처럼
커피는 나를 붙잡고 놓아주질 않네요
아, 잔인한 커피여!
밤은 물론, 하루마저
탐욕스레 앗아가 버린

사람을 녹초로 만드는 커피
이 밤의 잠도둑이여

초록의 사명

때가 오면
모든 생명이 깨어나
하루가 다르게
성큼성큼 일어서네

침묵의 땅에
초록이 없다면
얼마나 쓸쓸할까
이 봄날의 노래

꽃들은 꽃으로
초록은 초록으로
부지런히 피워 내는
들과 숲의 약속

열매 맺는 그들은
묵묵한 사명으로 살아가는데
우리는 무엇을 위해 걸어가나

순수한 사랑

가게 유리창 아래 타일과 시멘트
단단한 틈새 점 하나 같은 비좁은 공간

이름 모를 생명
말라붙은 뙤약볕 천막 아래서도
굳건히 뿌리내립니다
물 한 모금 없이 오직 바람의 수분만을 삼키며
아, 대단한 생명의 한 뿌리여

마치 저 가게를 향해 두 손 모아 기도하듯
오랜 기다림 끝에 찾아온 내일의 희망처럼
불모의 땅을 뚫고 굳건히 일어서서 가게를 향해

다시 가만히 눈여겨봅니다
어쩌면 개망초일지도 모를 아니 그보다 더 숭고한
사랑을 품은 생명의 얼굴일지도

급행열차

벚꽃 지고 잎 피는 사이
겹벚꽃 피는데
노변 공원은 초여름인가! 연초록빛
혼자 앉아 헤아려 보는
봄의 달력

종일 햇볕 쬐고 싶은 마음
광합성하는 우리네 시간
봄바람 타고 뿌뿌 기적 소리 울리며 달리는데
벌써 오후 네 시

희망

나는 늘 타협했네
일상이란 푸른 강물 따라

나는 늘 먼저 용서했네
쇳덩이 심장이 꽃잎 되도록

나는 늘 다짐했네
샛별을 가슴에 담으며

나는 늘 침묵했네
봄날의 씨앗처럼 깊이

나는 늘 꿈꾸었네
내일이란 새순을

오만 가지

만 가지 생각이 파도처럼 밀려오고
만 가지 고민이 바람결에 흔들리며
만 가지 슬픔이 빗방울로 떨어지고
만 가지 아픔이 가슴에 콩닥거리며 살아온 세월

이제는 모든 것을 바다에 던져버리기로 해요
무지갯빛 물거품이 되어 사라지는 그 순간
텅 빈 마음으로 흘러오는 대로, 가는 대로
머무는 대로 살기로 했어요

과거의 노심초사 속에서 휘둘리던 나날들
이제는 그런 날 없이 마음을 비우고
문을 두드리는 새날의 속삭임을 듣고
오늘이 흐리면 내일은 화창할 거라는 믿음을 가져요

이제는 삶의 리듬에 몸을 맡기고
흐르는 시간 속에서 나를 찾아가는 여정을 시작해요
새로운 날 되어 내 품에 안겨 오니까요

남기는 말

  발길 뜸한 시간, 세상이 숨죽인 고요 속에서 나는 시의 심연을 들여다봅니다 오롯이 나만의 정신세계와 마주하며, 내면의 실타래를 풀어내듯 시의 숨겨진 실마리를 찾아갑니다 호기심 가득한 삶, 정겨웠던 삶, 아쉬움 남는 삶, 행복했던 삶… 수많은 삶의 조각들을 응시하며, 그 실마리 하나를 조심스레 꺼내 시간의 바늘귀에 꿰어 한 땀 한 땀 정성껏 깁습니다 지나간 모든 순간들이 아쉬움과 그리움으로 물들기 전에, 그 아련한 아쉬움과 사무치는 그리움을 촘촘히 꿰매어 갑니다

  그렇게 기어낸 시간의 조각들을 차분히 펼쳐 읽습니다 무엇을 버리고, 무엇을 되새기며, 또 무엇을 채워 넣어야 할지, 내면의 지혜를 찾아냅니다 이렇듯 나의 자투리 시간은 온전히 시를 짓는 일에 바쳐집니다 때로는 젊은 날의 풋풋한 감성으로, 때로는 세월의 깊이가 더해진 통찰로, 매 순간 다르게 다가오는 시간의 결을 정성껏 깁고 또 기어둡니다 훗날 문득 그리워질 모든 순간들을 위해, 지금 이 시간을 소중히 갈무리합니다

시하늘시인선 12

김미선 시집
말똥구리
© 김미선, 2025

초판 1쇄 발행 2025년 11월 20일

지은이 김미선
펴낸이 이은재
펴낸곳 도서출판 그루

출판등록 1983. 3. 26(제1-61호)
42452 대구광역시 남구 큰골 3길 30
TEL 053-253-7872 / FAX 053-257-7884
E-mail / guroo@guroo.co.kr

값10,000원
ISBN 978-89-8069-534-8

*이 책의 판권은 지은이와 도서출판 그루에 있습니다.
 양측의 서면 동의 없는 무단 전재 및 복제를 금합니다.